BEI GRIN MACHT SICH IHR WISSEN BEZAHLT

- Wir veröffentlichen Ihre Hausarbeit, Bachelor- und Masterarbeit

- Ihr eigenes eBook und Buch - weltweit in allen wichtigen Shops

- Verdienen Sie an jedem Verkauf

Jetzt bei www.GRIN.com hochladen und kostenlos publizieren

Steffen Schneider

Didaktische Filmanalyse - "Der Baader Meinhof Komplex"

GRIN Verlag

Bibliografische Information der Deutschen Nationalbibliothek:

Die Deutsche Bibliothek verzeichnet diese Publikation in der Deutschen National-bibliografie; detaillierte bibliografische Daten sind im Internet über http://dnb.d-nb.de/ abrufbar.

Dieses Werk sowie alle darin enthaltenen einzelnen Beiträge und Abbildungen sind urheberrechtlich geschützt. Jede Verwertung, die nicht ausdrücklich vom Urheberrechtsschutz zugelassen ist, bedarf der vorherigen Zustimmung des Verlages. Das gilt insbesondere für Vervielfältigungen, Bearbeitungen, Übersetzungen, Mikroverfilmungen, Auswertungen durch Datenbanken und für die Einspeicherung und Verarbeitung in elektronische Systeme. Alle Rechte, auch die des auszugsweisen Nachdrucks, der fotomechanischen Wiedergabe (einschließlich Mikrokopie) sowie der Auswertung durch Datenbanken oder ähnliche Einrichtungen, vorbehalten.

Impressum:

Copyright © 2011 GRIN Verlag GmbH
Druck und Bindung: Books on Demand GmbH, Norderstedt Germany
ISBN: 978-3-656-34370-7

Dieses Buch bei GRIN:

http://www.grin.com/de/e-book/207121/didaktische-filmanalyse-der-baader-meinhof-komplex

GRIN - Your knowledge has value

Der GRIN Verlag publiziert seit 1998 wissenschaftliche Arbeiten von Studenten, Hochschullehrern und anderen Akademikern als eBook und gedrucktes Buch. Die Verlagswebsite www.grin.com ist die ideale Plattform zur Veröffentlichung von Hausarbeiten, Abschlussarbeiten, wissenschaftlichen Aufsätzen, Dissertationen und Fachbüchern.

Besuchen Sie uns im Internet:

http://www.grin.com/

http://www.facebook.com/grincom

http://www.twitter.com/grin_com

Philipps-Universität Marburg
Fachbereich 03: Gesellschaftswissenschaften und Philosophie
Institut für Politikwissenschaft
Wahlpflichtmodul 12: Äquivalent für Schulpraktische Studien II: Demokratiekompetenz
SE Medieneinsatz in der Schulpraxis

SS 2011

Didaktische Filmanalyse

„Der Baader Meinhof Komplex"

Steffen Schneider

Angestrebter Abschluss: Lehramt
(Geschichte, Politik und Wirtschaft, Sport)

Marburg, 10.07.2011

Inhaltsverzeichnis

1. Einleitung 3
2. Spielfilme im Politikunterricht 4
3. Mediale Aufbereitung des Themas „RAF" 6
   3.1 Zugang zum Thema 6
   3.2 „Der Baader Meinhof Komplex" 7
4. Analyse 8
   4.1   Erster Teil des „Baader Meinhof Komplexes" 8
   4.2   Zweiter Teil des „Baader Meinhof Komplexes" 12
5. Die politische Dimension des „Baader Meinhof Komplexes" 15
6. Verherrlichung des Terrors 18
7. Fazit 20
8. Seminarreflexion 22
9. Literaturverzeichnis 23

1. Einleitung

Thema dieser Arbeit soll der von Bernd Eichinger produzierte Film „Der Baader Meinhof Komplex" sein, dem sich der Autor auf dem Weg einer didaktischen Filmanalyse anzunähern versucht. Inhaltlich geht es dabei um die in den vergangenen Jahrzehnten intensiv durchleuchtete Geschichte der RAF (vgl. Kurbjuweit, 2008), deren bekannteste Chronik, Stefan Austs „Baader Meinhof Komplex" (vgl. Aust, 1998) als Vorlage zum gleichnamigen Film diente.

Der zumindest bei seinem Kinodebüt 2008 teuerste deutsche Film aller Zeiten (vgl. Schmitz, 2008), überdies vom Bundeskulturministerium mit 2,7 Millionen Euro unterstützt (vgl. Kothenschulte, 2008), mischt fiktionale wie dokumentarische Mittel und begreift sich als authentische Darstellung der Ereignisse vom Schah-Besuch in Berlin 1967 bis zum Deutschen Herbst 1977.

Hauptsächlich wird sich der Autor im Folgenden mit der Frage befassen, ob „Der Baader Meinhof Komplex" tatsächlich ein politischer Film ist und sich damit in den Trend der Zunahme des politischen und sozialen Moments in den meisten Bereichen der Gegenwartskunst (vgl. Monaco, 2001, S. 19) einfügt. Jene – für den etwaigen Einsatz im Schulunterricht zu klärende Fragestellung – steht im Fokus der Kapitel vier und fünf, in denen zudem zwei verschiedene Filmszenen analysiert werden sollen (Kapitel 4.1 und 4.2). Vorangestellt sind ein eher allgemein gehaltenes Kapitel über den Einsatz von Spielfilmen im Politikunterricht (Kapitel zwei) sowie Kapitel drei, welches sich mit der medialen Aufarbeitung des Phänomens Linksterrorismus/RAF beschäftigt. Beigefügt hat der Autor in Kapitel sieben zudem ein kurzes Feedback an den Seminarleiter.

2. Spielfilme im Politikunterricht

Spielfilme sind ein wichtiges kulturelles Massenmedium in unserer Gesellschaft: „Sie sind Ausdruck eines Zeitverständnisses und damit auch der ästhetischen, sozialen, politischen Kultur, in der wir leben", erklärt Thoß (2010, 489). Dabei ist der Film kein objektives Abbild der Gesellschaft, sondern eine subjektive Perspektive, welche sich verschiedener ästhetischer sowie dramaturgischer Mittel bedient (vgl. Thoß, 2010, 489).

„Spielfilme liefern uns somit Rollenmodelle, Einstellungen, Werte sowie Bilder von Politik und gesellschaftlichen Ereignissen, die wir akzeptieren oder mit denen wir uns auseinandersetzen können." (Thoß, 2010, 489) Diese Auseinandersetzung findet selbstverständlich auch im Minikosmos Schule statt, ist es doch mittlerweile „Konsens innerhalb der allgemein- wie der fachdidaktischen Diskussion, dass der Umgang mit ‚Medien' in Bildungsprozessen zunehmend wichtiger wird" (Salomon, 2010, 399) – natürlich auch vor dem Hintergrund einer steigenden Tendenz zur Ästhetisierung des Alltags" (Salomon, 2010, 399).

Für den Einsatz von Spielfilmen im Unterricht spricht vor allem die Tatsache, dass sie ganz einfach zum Medienalltag von Kindern und Jugendlichen zählen. Belegt wird dies neben der eigenen Erfahrung des Autors durch eine Studie, nach der 45 Prozent der Kinder im Alter von sechs bis 13 Jahren mehrmals pro Woche Video oder DVD schauen (vgl. Thoß, 2010, 490). So ist das Medium (Spiel-)Film nicht nur Unterhaltungsmedium, sondern auch prägend für die Sozialisation von Kindern und Jugendlichen. „Aus diesem Grund ist es wichtig, dass Kinder einen bewussten Umgang mit dem Medium Film erlernen und Medienkompetenz erlangen" betont Thoß (2010, 490). Vor allem im Politikunterricht – in dem eine Verständigung über Grundwerte unserer Gesellschaft unverzichtbar ist - bietet der Einsatz von Spielfilmen eine ganze Reihe interessanter Möglichkeiten: So können durch die Schauspieler bzw. Protagonisten verschiedene Sichtweisen und Werthaltungen im Rahmen eines Konflikts aufgezeigt werden – auf diese Art und Weise leistet der Spielfilm dann einen wichtigen Beitrag zur Auseinandersetzung mit gesellschaftlichen Normen und Werten (vgl. Thoß, 2010, 490).

Chancen und Gefahren liegen freilich im emotionalen Zugang zum Thema, beispielsweise durch die Identifikation mit den Protagonisten. In jedem Fall gilt die Feststellung Thoß' (2010, 491), nach der der Politikunterricht die Aufgabe hat, „Angebote zu schaffen, die dazu beitragen, sich bewusst mit der dargestellten Lebenswelt auseinanderzusetzen. Es geht darum, gesellschaftliche, soziale und politische Bezüge herauszuarbeiten, zu interpretieren und auf die eigene Lebenswelt zu beziehen." Geschehen kann dies beispielsweise in einer Filmanalyse mit der Beschreibung des Problems im Film, dem gesellschaftlichen Bezug, dem Finden von Lösungswegen und der Reflektion von Form und Inhalt.

„Die Analyse filmischer Mittel, wie Kameraposition, Musik, Licht, Schnitt, Kulisse, Kostüme etc. kann dabei helfen, den Zusammenhang von Form und Inhalt besser zu verstehen. Hierdurch haben die Schüler eine angemessene Grundlage, um über die Darstellungsweise im Film zu urteilen." (Thoß, 2010, 492) Jener Äußerung stimmt der Autor uneingeschränkt zu, machte er doch selbst schon Erfahrungen mit dem Einsatz von Spielfilmen im Unterricht, die diese Sicht bestätigen: Während seines ersten Schulpraktikums arbeitete er in einer achten Klasse einer Gesamtschule mit dem Film „The Day After Tomorrow" und empfand dies (auch die Rückmeldungen der Schülerinnen und Schüler bestätigten dies) als Gewinn für die Unterrichtseinheit, die das Thema „Klimawandel" hatte. Allerdings vermisste der Autor seinerzeit ein gewisses Instrumentarium, anhand dessen er den Film professioneller hätte analysieren können – gemeint ist die schon angesprochene Analyse filmischer Mittel. In jenem Bereich sind fundierte Kenntnisse unbedingte Voraussetzung, um sinnvoll und professionell mit Spielfilmen im Unterricht zu arbeiten.

Ist dies der Fall, kann die Lehrkraft an verschiedenen Stellen ansetzen und (nach Bergala) erstens überhaupt die Möglichkeit zur Begegnung mit Filmen schaffen, zweitens hinweisen, initiieren, sich zum Passeur machen, drittens den häufigen Umgang mit Filmen lehren und viertens Verbindungen zwischen den Filmen knüpfen (vgl. Bergala, 2006, 51ff).

Orientierung bietet in jedem Fall das wichtigste Bildungsziel einer kritischen politisch-ästhetischen Bildung, nämlich „gesellschaftliche Funktionszusammenhänge durchschaubar zu machen und Interpretationsräume zu eröffnen, die alternative gesellschaftliche Praxen antizipierbar machen" (Salomon, 2010, 402).

Geklärt werden muss ferner, ob der ausgewählte Film – in diesem Fall „Der Baader Meinhof Komplex" – überhaupt für den Einsatz im Politikunterricht in Frage kommt. Denn nach Bergala (2006, 50) gibt es eine Reihe von Filmen, die einen Menschen prägen – aber auch Filme, die schlichtweg zu spät gesehen werden, „die für den entscheidenden Einfluss verloren sind, den sie auf uns hätten ausüben können, wenn wir ihnen in diesen für die Bildung unseres Geschmacks entscheidenden paar Jahren begegnet wären" (Bergala, 2006, 50). Und „daher ist es so außerordentlich wichtig, im richtigen Moment guten Filmen zu begegnen, Filmen, die Spuren fürs Leben hinterlassen" (Bergala, 2006, 50).

3. Mediale Aufbereitung des Themas „RAF"

3.1 Zugang zum Thema

Die Beschäftigung mit dem Thema „Linksterrorismus" hat seit einigen Jahren Konjunktur – in besonderem Maße gilt dies für die Geschichte der Roten Armee Fraktion, die weitaus intensiver betrachtet wurde (und wird) als die vergleichbarer Terrorgruppen („Bewegung 2. Juni", „Revolutionäre Zellen"). Pünktlich zu den Jahrestagen des Deutschen Herbst 1977 wird die Thematik regelmäßig in verschiedenen Medien aufgearbeitet – Kritiker mahnen oftmals eine Ästhetisierung des Phänomens RAF sowie die Vereinnahmung ihrer Protagonisten von Teilen der Popkultur an.

Neben der Darstellung in diversen RAF-Filmen wie "Die Innere Sicherheit" von Christian Petzold (2000) oder "Baader" von Christopher Roth (2002) finden sich ehemalige RAF-Mitglieder auch durch Gerichtsprozesse, Ansuchen um Begnadigungen oder ihr Haftende in der aktuellen Berichterstattung wieder und erinnern damit an das verheerende Wirken der Gruppe:

61 Tote, 230 Verletzte, ein Sachschaden von mehr als 500 Millionen DM, mindestens 31 Banküberfälle, 104 entdeckte konspirative Wohnungen, 180 entdeckte gestohlene KFZs und mehr als 1.000 verurteilte Personen (517 wegen Mitgliedschaft in einer terroristischen Vereinigung, 914 wegen deren Unterstützung) – zudem ist der Stammheim-Prozess gegen die Köpfe der ersten RAF-Generation neben dem Auschwitz-Prozess von 1965 der einzige in der Bundesrepublik, von dem ein Tonbandmitschnitt und ein Wortprotokoll angefertigt wurden (vgl. Peters, 2007, 31f).

Gleichwohl das Thema im Lichte der globalen terroristischen Bedrohungen im 21. Jahrhundert an Aktualität gewinnt, wird seine Aufarbeitung bislang ganz von juristischen, politik- und sozialwissenschaftlichen Studien dominiert – historische Analysen stecken erst in den Anfängen. Insgesamt sind zwei bzw. drei Zugänge zur Thematik „RAF" zu unterscheiden: Erstens sozialwissenschaftliche Analysen aus den 70er und 80er, für die Autoren wie Sack, Steinert oder Scheerer stehen sowie zweitens biographisch angelegte Untersuchungen von Kraushaar, Koenen, Stern/Herrmann oder Ditfurth. Ergänzt, jedoch nicht weiter vertieft werden kann der kommunikative Ansatz Weinhauers.

3.2 „Der Baader Meinhof Komplex"

Eine Sonderstellung in der Reihe der RAF-Filme nimmt „Der Baader Meinhof Komplex" ein, versteht sich das am 25. September 2008 erstmals im Kino ausgestrahlte Werk doch als filmische Adaption des gleichnamigen, von Stefan Aust verfassten Standardwerks. Dieser ist zugleich Teil des Films: Als junger Redakteur der Zeitschrift „konkret" (dessen Starkolumnistin zu diesem Zeitpunkt Ulrike Meinhof war) taucht er in einer der Anfangsszenen des Films auf, zudem später bei der Rettung der Meinhof-Zwillinge vor der Einquartierung in ein palästinensisches Camp für Waisenkinder sowie in einem Interview mit den Eltern Gudrun Ensslins im Rahmen der Brandstifterprozesse. Der ehemalige „Spiegel"-Chefredakteur hat in seinem erstmals 1985 erschienenen Werk „ein unglaublich detailreiches Protokoll über die Geschichte der Baader-Meinhof-Gruppe verfasst, das jedoch Interpretationen oder Bewertungen weitgehend vermeidet und primär über das faktische Material in einem betont nüchtern gehaltenen Ton Ursprünge, Ziele, Methoden und Personen der RAF zu durchleuchten versucht" (Schiffauer, 2008).

Ausgestrahlt wurde der darauf aufbauende Film nicht nur im Kino, sondern ebenso in einer um 14 Minuten verlängerten Fassung in der ARD am 22. und 23. November 2009. Neben Aust als Autor der Drehbuchvorlage waren natürlich Produzent – Bernd Eichinger – sowie Regisseur – Uli Edel – prägende Figuren bei der Entstehung des Werks. Beide arbeiteten bereits 1981 bei der Kino-Adaption von „Christiane F. – Wir Kinder vom Bahnhof Zoo" zusammen und feierten damit gemeinsam ihren großen Durchbruch. Zuvor hatten Eichinger und Edel gemeinsam an der Hochschule für Film und Fernsehen in München studiert.

Der 2011 verstorbene Eichinger galt als „einer der umtriebigsten Filmschaffenden des Landes" sowie als „ein im positiven Sinne Besessener" (Leipold, 2011; vgl. Kruttschnitt, 2011). Meilensteine seines Schaffens waren neben „Christiane F. – Wir Kinder vom Bahnhof Zoo" „Der bewegte Mann" (1994) sowie das Werk „Nirgendwo in Afrika", welches 2003 mit dem Oscar als bester fremdsprachiger Film ausgezeichnet wurde. Während Eichinger zunächst an Literaturverfilmungen wie „Die unendliche Geschichte", „Das Boot", „Der Name der Rose" oder „Das Geisterhaus" arbeitete, verlegte er sich in den 1990er Jahren auch auf „leichtere Kost" (Leipold, 2011) wie „Der bewegte Mann", „Der Schuh des Manitu" oder Filme mit dem Komiker Tom Gerhard. „In seinen jüngsten Filmen wie ‚Der Untergang' oder ‚Der Baader-Meinhof-Komplex' beschäftigte sich Eichinger eingehend mit der jüngeren deutschen Vergangenheit", ergänzt Leipold (2011). Zuletzt plante der Produzent einen Film über den Kriminalfall Natascha Kampusch.

4. Analyse

Vor dem Einsatz des Films „Der Baader Meinhof Komplex" im Politikunterricht bietet sich folgende Grundfrage für eine Analyse an: Handelt es sich hier um einen politischen Film? In den Augen des Autors muss jene Frage differenziert beantwortet werden, gelingt es dem Werk doch, zumindest im ersten Teil (00:00:00 h – 00:51:35 h) bestimmte Figuren (Ensslin, Meinhof) aus ihren sozialen Verhältnissen zu entwickeln und dem Betrachter klarzumachen, aus welchen Gründen der jeweilige Charakter wie handelt. Anders muss das Urteil über den zweiten Teil des Films (00:51:36 h – 02:15:01 h) lauten: Hier ist „Der Baader Meinhof Komplex" ein Actionfilm – dessen Handlung sich gegen die eines gewöhnlichen „Gangsterfilms" austauschen lassen würde.

Stellvertretend für den ersten und zweiten Teil des Films sollen im Folgenden zwei Szenen kurz vorgestellt und analysiert werden. Im Vordergrund steht dabei die Frage, mit welchen filmischen Mitteln Regisseur und Produzent arbeiten.

4.1 Erster Teil des „Baader Meinhof Komplexes"

Exemplarisch für den ersten Teil des Films sieht der Autor eine gut einminütige Szene von 00:09:00 h bis 00:10:10 h. In dieser verfolgen Gudrun Ensslin, ihr Verlobter Bernward Vesper, der gemeinsame Sohn Felix Ensslin sowie die Eltern Helmut und Ilse Ensslin eine TV-Diskussion über den Besuch des Schahs von Persien in Berlin, an der auch Ulrike Meinhof teilnimmt. In der Folge entwickelt sich ein Konflikt, der die verschiedenen politischen Standpunkte von Gudrun Ensslin und ihren Eltern offenlegt. Die Szene endet damit, dass die beiden Hauptakteure den Raum verlassen: Gudrun Ensslin echauffiert sich über das Unverständnis ihres Vaters und entflieht wutentbrannt, Helmut Ensslin geht in die Kirche.

Zu den entscheidenden filmischen Mitteln der Szene ist der Inhalt der Diskussion zwischen Gudrun und Helmut Ensslin zu zählen, da er die Gründe für Gudrun Ensslins späteren Weg in den Untergrund offenlegt.

Hingegen ist der politische Standpunkt Helmut Ensslins unklar. Entweder hat er völlig andere Ansichten als seine Tochter (was dem Autor als unwahrscheinlich erscheint), oder er teilt die Ansichten seiner Tochter zumindest teilweise – nur zieht daraus keine Konsequenzen (außer dem Gang in die Kirche bzw. dem Gebet). Auf letztgenannten Aspekt lassen Äußerungen wie „Diese Frau führt keine sachliche Diskussion" (00:09:26 h) – gemeint ist die im TV zu sehende Ulrike Meinhof – oder „Es tut mir leid, ich muss jetzt in die Kirche." (00:09:49 h) schließen.

Klar ist hingegen der politische Standpunkt Gudrun Ensslins angesichts der heftigen Kritik am amerikanischen Imperialismus sowie dem Leiden der Dritten Welt, und auch die im weiteren Verlauf des Films gezeigte Radikalisierung ist in besagter Szene bereits angelegt. Vor allem in der Äußerung „Aber dann predige auch,…dass es keinen Sinn macht, für eine bessere Welt nur zu beten, dass sie sich verdammt nochmal wehren müssen!" (00:09:50 h) wird sie deutlich.

Zudem lassen sich im Film weitere Szenen finden, welche offensichtlich an besagten Dialog anknüpfen. Genannt werden muss Gudrun Ensslins Plädoyer im Gerichtssaal (im Rahmen des Brandstifterprozesses) (00:19:40 h – 00:20:30 h) mit der Äußerung „Wir haben gelernt, dass Reden ohne Handeln Unrecht ist" (00:19:55 h) und dem gleichzeitigen Blick auf ihre im Gerichtssaal sitzenden Eltern. Dazu zählt auch das anschließende, von Stefan Aust geführte Interview mit dem Ehepaar Ensslin im Anschluss an die Gerichtsverhandlung (00:20:31 h – 00:21:15 h). In diesem äußern Helmut und Ilse Ensslin Verständnis und Sympathie für die Tat ihrer Tochter. Eine weitere vergleichbare Szene ist neben dem Dialog zwischen Gudrun Ensslin sowie Ulrike Meinhof (00:21:51 h – 00:23:08 h) – mit dem wichtigen Ensslin-Zitat „Ich werde mich niemals damit abfinden, dass man nichts tut – niemals!" (00:22:32 h) – auch das Gespräch zwischen Ensslin und den Stammheimer Geistlichen (02:08:35 h – 02:10:22 h) kurz vor dem Selbstmord Andreas Baaders, Jan-Carl Raspes sowie Gudrun Ensslins. Wiederum befindet sich Ensslin hier in einem Dialog mit Geistlichen (auch Helmut Ensslin war Pfarrer), an dieser Stelle entgegnet die Terroristin der von einem Geistlichen geäußerten Hoffnung, das Gespräch alsbald fortsetzen zu können, mit der bemitleidenden bis abschätzigen Äußerung „Theologen hoffen" (02:10:10 h).

Neben dem Inhalt der Diskussion lassen sich in besagter Szene natürlich auch mehrere Symbole identifizieren – insgesamt sechs wird der Autor im Folgenden benennen:

Interessant erscheint zunächst die Art des *Einstiegs* in die Szene, die mit der von der Familie Ensslin betrachteten TV-Diskussion beginnt – in der vorherigen Szene war die Diskussion bereits im Großformat zu sehen, nun wird sie auf dem TV-Bildschirm gezeigt. Deutlich wird daran vor allem der Einfluss des Politischen auf das Private, auf den (eigentlich) sehr intimen Bereich des eigenen Hauses bzw. Wohnzimmers, in dem anschließend stellvertretend für den seinerzeitigen Generationenkonflikt Gudrun und Helmut Ensslin streiten.

Besagter Raum ist ebenfalls symbolhaft aufgeladen und vermittelt dem Zuschauer einen spießigen, bürgerlichen Eindruck – stellvertretend sei das (riesige) *Kreuz* an einer Wand erwähnt.

Völlig andere Bedeutung kommt Felix Ensslin zu, der als *Säugling* zunächst in den Armen seiner Mutter liegt und ihr später von Ilse Ensslin abgenommen wird. Sichtlich unwohl scheint sich das Kind in den Armen seiner ihn kaum beachtenden Mutter zu fühlen, was sich in seinem Weinen und Schreien artikuliert. Gleichwohl vermitteln die Babyschreie der Szene eine gewisse Unruhe und Aggression.

Ferner zeigt die Szene bereits die beginnende *Verfremdung* (womöglich befindet sie sich auch bereits im Endstadium) zwischen Gudrun Ensslin und ihrem Verlobten Bernward Vesper, dessen Körperkontakt sie mit „Jetzt lass' doch mal!"" rüde zurückweist (00:09:44 h). In der nächsten Szene ist Ensslin bereits in Berlin, mit Andreas Baader liiert und weitaus besserer Stimmung als im elterlichen Pfarrhaus im baden-württembergischen Bartholomä – ihr zuvor geäußerter Entschluss zum „Handeln" steht in Form der Brandstiftung in einem Frankfurter Kaufhaus unmittelbar bevor.

Ein weiteres Symbol ist das in dieser Szene vermittelte *Familienbild*, das auf der einen Seite das „klassische", gutbürgerliche Ehepaar in Form von Helmut und Ilse Ensslin beinhaltet und auf der anderen den diametralen Gegensatz dazu: Gudrun Ensslin steht hier für die Frau als Handelnde, als Person, die ihr Schicksal allen Widerständen zum Trotz selbst in die Hand nimmt. Rücksicht nimmt sie dabei nicht einmal auf ihren Sohn, wenngleich Ilse Ensslin sie vehement dazu auffordert. Auch die Übergabe des Säuglings in die Hände seiner Großmutter ist in diesem Sinne bezeichnend, verlässt ihn seine Mutter doch kurze Zeit darauf aufgrund ihres Wegs in den Untergrund. Bezüge zu dieser Entscheidung findet der Betrachter in zwei weiteren Szenen, die die Prioritätensetzung Ensslins belegen: Zunächst in einem Dialog zwischen ihr und Ulrike Meinhof, in dem auch das „Verlassen" des eigenen Sohnes zur Sprache kommt (00:32:05 h): „Du musst dich aus dem System ausklinken und hinter dir alle Brücken abbrennen", betont Ensslin und weiter: „Wenn du's ernst meinst, musst du solche Opfer bringen können." Auch das Gespräch mit dem palästinensischen Kommandanten des Ausbildungscamps dreht sich um die Frage, wie revolutionärer Guerillakampf und das Aufziehen der eigenen Kinder miteinander zu vereinbaren sind. Ensslin beantwortet die Frage anstelle Meinhofs und entscheidet über ihren Kopf hinweg, dass die jungen Zwillinge in ein palästinensisches Waisenhaus kommen sollen (00:50:30).

Auch der *Flucht* Ensslins aus dem Wohnzimmer kommt eine wichtige Bedeutung zu: Diese symbolisiert das Verlassen der Familie, der Geborgenheit im elterlichen Haus und schließlich den Weg in den Terrorismus: Ensslin stürmt aus dem Bild und lässt Sohn, Verlobten sowie Mutter und Vater hinter sich zurück – zu ihrer neuen Heimat wird schon in der nächsten Szene der Terrorismus.

Wirklich exemplarisch ist besagte Szene indes wirklich nur für den ersten Teil des Films, der sich durchaus die Mühe macht, den sozialen und politischen Weg von zumindest zwei Charakteren (Ensslin und Meinhof) in den Terrorismus zu skizzieren. „Dieser Anfang ist stark, weil er sich Zeit lässt", betont Rodek (2008). „In der folgenden Dreiviertelstunde jedoch setzt er sich selbst unter Druck, denn alles soll erzählt werden, das Attentat auf Dutschke und die Kaufhausbrandstiftung, die Befreiung Baaders und das Trainingslager in Jordanien, die Banküberfälle und die erste RAF-Tote Petra Schelm, die Bombenanschläge auf den Axel Springer Verlag und das US-Hauptquartier, Horst Herolds ‚Aktion Wasserschlag' und die Festnahme des harten Kerns."

Erst an seinem Ende findet der Film wieder Zeit, auf die Entwicklung der Charaktere Rücksicht zu nehmen - dann, wenn der harte Kern der ersten RAF-Generation im Stammheimer Hochsicherheitstrakt einsitzt. „Sobald seine 'Helden' hinter Gittern sitzen wird der Film ruhiger und besser. Er hat jetzt Orte, an denen er sich festhalten kann, und seine Darsteller haben Gegenüber zum abagieren. Die Herausnahme des Tempos hat noch einen weiteren Aspekt. Geschwindigkeit war und ist immer eine Eigenschaft des Terrorismus. Auftauchen, zuschlagen, verschwinden. Ein Film, der sich dieses Tempo zu Eigen macht, übernimmt – ob er es will oder nicht – diese beschleunigte Taktfrequenz, die Aktion vor Reflexion setzt. Mit schnellen Schnitten lässt sich im Kino praktisch alles verharmlosen oder rechtfertigen, auch das schlimmste Massaker." (Rodek, 2008)

Freilich ist es durchaus denkbar, dass Eichinger und Edel gerade durch die schnelle Aneinanderreihung terroristischer Anschläge zeigen wollen, „wie drastisch sich die selbsternannten Revolutionäre nach dem Abtauchen in die Illegalität von den einstmals idealistischen Zielen auch gedanklich abkoppelten und der blanke, brutale Terror, der dutzende Menschen das Leben kosten sollte, mehr und mehr zum um sich kreisenden Selbstzweck wurde" (Schiffauer, 2008). Dies würde die Diskrepanz zwischen erstem und zweitem Teil des Films erklären – wenngleich es dem Film nicht gelingt, dem Betrachter klarzumachen, inwiefern die RAF mit zunehmender Dauer selbstbezogen statt politisch agierte – auch wenn Schwartz dies anders sieht (vgl. Schwartz, 2008).

4.2 Zweiter Teil des „Baader Meinhof Komplexes"

Als „Baller Meinhof" bezeichnet Schulz-Ojala (2008) den Film – und bezieht sich dabei sicherlich primär auf den zweiten, actiongeladenen Teil des Films, dessen Charakter Kniebe (2008) recht prägnant beschreibt: „Kopfschuss Petra Schelm, Bombe bei der US Army in Heidelberg, verstümmelte Soldaten, Rumms in Augsburg, Bumms in München, Anschlag bei Springer, Drenkmann-Hinrichtung, Botschaft Stockholm, Buback und die Motorradkiller, Ponto beim Kaffeetrinken, bang boom bang, Schleyer in der Vincenz-Statz-Strasse, ratatatatatat. Und darüber immer wieder Bekennerschreiben, im Theatertremolo rezitiert."
Tatsächlich wird Geschichte hier im Minutentakt gemacht, wie Althen (2008) feststellt: „Vom Schah-Besuch bis zur Schleyer-Ermordung, das ist eine Menge Historie, fast so, als hätte man den ‚Untergang' schon 1933 beginnen lassen. Vor lauter Aktionen, Anschlägen, Attentaten bleibt kaum noch Zeit, Atem zu holen. Es müssen ja all die Parolen und Schlagworte aufgesagt werden, die man aus dieser Zeit kennt, und all die Bilder nachgestellt werden, die man noch vor Augen hat..." Daher handele es sich beim „Baader Meinhof Komplex" um einen „Polit-Porno", der nur aus Höhepunkten bestehe. „Der Rest ist Hummersuppe. Er verhält sich zu einem komplexeren Film wie ein Porno zum Liebesfilm. Wo der eine weiß, wie kompliziert die Dinge liegen, kennt er nur Eskalation. Das ist das Gegenteil von Haltung. Und deswegen sieht der Film die Terroristen am Ende eben doch so, wie sie nie waren", bemängelt Althen (2008).
In der Tat dient die rasend schnelle Abfolge von Actionszenen einerseits zur prächtigen Unterhaltung der Kinobesucher, andererseits führt sie aber zur Überforderung von Betrachtern, welche mit der Materie – sprich: der Geschichte der RAF - nicht vertraut sind. Die vorherige Lektüre von Austs „Baader Meinhof Komplex" oder zumindest ein Grundwissen an Namen und Fakten sind also Voraussetzung für das Verständnis des Films. „Reflexe, nicht Reflexion, bestimmen die Dramaturgie dieses Films", bemängelt Schwartz (2008). Fanizadeh hält dem entgegen, dass exakt jenes Tempo im zweiten Teil des Films der damals so beschleunigten Entwicklung entspreche (vgl. Fanizadeh, 2008).
Kritisch betrachtet werden sollte in diesem Zusammenhang die Darstellung der Opfer: Mit Schülerinnen und Schülern würde sich beispielsweise eine Diskussion darüber anbieten, ob der Film die Würde der Opfer verletzt, indem er die Ermordungen in ihrer ganzen Bestialität zeigt. Ideal dazu bietet sich in Augen des Autors die Schlussszene an, in der zwei Mitglieder der zweiten RAF-Generation den entführten Arbeitgeberpräsidenten Hanns Martin Schleyer umbringen (02:14:32 h – 02:15:00 h).

In jener recht kurzen Szene fährt ein RAF-Wagen inmitten eines Waldstücks an der belgisch-französischen Grenze vor. Aus diesem steigen zwei (nicht zu identifizierende) Männer aus und holen ihr zusammenkauerndes und sichtlich mitgenommenes Opfer aus dem Kofferraum, anschließend töten sie ihn mit drei Schüssen.

Als zu analysierende filmische Mittel bieten sich hier vor allem Kameraeinstellungen sowie -perspektiven an. Nach diesen Kriterien ist die Szene wiederum in drei Teilszenen aufzusplitten:

Im ersten Teil (02:14:32 h – 02:14:53 h) fahren die Terroristen vor, steigen aus dem Wagen aus und zerren Schleyer aus dem Kofferraum. Als Kameraperspektive wurde an dieser Stelle die Zentralperspektive gewählt mit einem Fluchtpunkt des Bildes in Augenhöhe und einer imaginären Handlungsachse im Bildzentrum. Eigentlich lässt sich dem Geschehen in jener natürlichen Perspektive recht entspannt folgen, was natürlich einen krassen Gegensatz zur Handlung darstellt. Verstärkt wird die recht idyllische, ruhige Atmosphäre noch durch Vogelgezwitscher und von den Bäumen herabfallende Blätter. Überhaupt ist die (Wald-) Landschaft in der Kameraperspektive Weite/Panorama der Bildinhalt – in ihr verschwinden die Menschen, deren Bewegungen nur bei genauem Hinsehen zu erkennen sind.

Ähnliches lässt sich vom zweiten Teil der Szene (02:14:54 h – 02:14:58 h) behaupten, in der Schleyer durch drei Schüsse getötet wird. Auch hier ist die Handlung – in diesem Fall ein kaltblütiger, feiger Mord – dank der Kameraeinstellung Weite/Panorama nur rudimentär zu erkennen. Die handelnden Personen sind noch kleiner als im ersten Teil und nach wie vor von Bäumen verdeckt.

Völlig anders kann der folgende Teil (02:14:59 h – 02:15:01 h) beurteilt werden – dieser stellt zugleich das Ende des Films dar. In ihm sinkt der erschossene Schleyer zu Boden – was dem Betrachter auf schockierende Art und Weise vermittelt wird. In Großaufnahme ist Schleyers Kopf zu sehen, der mit einem Teil seines Oberkörpers das Bild völlig ausfüllt. Auch das zuvor erklingende Vogelgezwitscher ist nicht mehr zu hören oder wird schlichtweg vom durch den herabsinkenden Körper Schleyers verursachten Rascheln der Blätter übertönt.

Insbesondere die Dauer der letzten Einstellung ist zu beachten. Zwar hält diese nur zwei, maximal drei Sekunden an – angesichts des Motivs hinterlässt es indes bleibenden Eindruck im Kopf des Betrachters, zumal es sich hier um die letzte Einstellung des Films handelt. Das letzte Wort im „Baader Meinhof Komplex" haben also nicht die Terroristen, sondern die Opfer – hier vertreten durch die Person des ehemaligen Arbeitgeberpräsidenten Schleyer. Dennoch kritisiert Althen (2008): „Respekt vor den Opfern sieht anders aus. Und Würde hat ein anderes Gesicht."

Freilich ist es ein Verdienst des Films (und vor allem jener Szene), dass er schonungslos offenlegt, in welch rasantem Tempo die Gewalt der RAF eskaliert. Auch demaskiert jene Szene die Terroristen, die einen Repräsentanten des aus ihrer Sicht faschistischen Systems umbringen – in Wahrheit aber einen alten, nach vielen Tagen der „Haft" im „RAF-Volksgefängnis" gezeichneten und völlig wehrlosen Mann erschießen.

Daher widerspricht der Autor auch der Ansicht Bettina Röhls (eine Tochter Ulrike Meinhofs), die dem Werk „Opferverachtung" (Röhl, 2008) attestiert: „Eine grausamere Menschenverachtung und eine noch primitivere Mythen-und Legendenbildung auf die existierenden Legenden und Mythen oben drauf kann es nicht geben."

Röhls Urteil - „Der Baader-Meinhof-Film ist der GAU: mehr Heldenverehrung geht nicht!" – erschließt sich dem Autor nicht, einen anderen Kritikpunkt hält er dagegen für weitaus angebrachter: Im besagten zweiten Teil des Films beschränken sich Edel und Eichinger auf die Darstellung der kriminellen Aktionen in Form von Action-geladenen Szenen, übersehen werden hier die politischen Intentionen der Gruppe. „Notorisch kommen dabei die Motive zu kurz vor und die Taten zu lang. So ist es auch bei Edel und Eichinger: Warum ist Ulrike Meinhof bereit, ihre Zwillingstöchter in düsteren Palästinenserlagern verschwinden zu lassen? Man versteht es nicht. Keine Zeit bleibt für Psychologie oder gar für Politik. Es muss knallen. Kaum ein Anschlag wird ausgelassen. ‚Fetzendramaturgie' nennt Eichinger das. Nicht die Identifikation mit den Personen steht im Vordergrund, sondern die Handlung treibt Episode für Episode auf das blutige Finale zu", bemängelt Schmitz (2008).

In jener dramaturgischen Verdichtung gehen schließlich auch wichtige Aspekte verloren: Genannt seien nur die Festnahme Baaders am 4. April 1970, in welche der Verfassungsschutz involviert war – Kniebe (2008) spricht hier von einem der „größten Polizeiskandale der Nachkriegsgeschichte"– oder die missglückte Suche nach dem Versteck Schleyers. „Die besten Wendungen der Realität, nach denen sich das Kino geradezu die Finger lecken müsste - der Autor Eichinger bringt sie leider nicht unter", bedauert Kniebe. Ebenfalls bleibt auf der Strecke, dass die Klage über die Haftbedingungen das zentrale Mittel der RAF zur Denunzierung des Staates und zur Rekrutierung neuer Bombenleger und Killer war.

5. Die politische Dimension des „Baader Meinhof Komplexes"

Daran, dass besagter erster Teil des „Baader Meinhof Komplexes" ein politischer Film ist, kann es nach Ansicht des Autors keinen Zweifel geben – als Beleg können Szenen wie der (politisch intendierte) Protest gegen den Schah-Besuch in Berlin, die einen offenen Protestbrief (aus der Zeitschrift „konkret") vortragende Ulrike Meinhof, der Tod Benno Ohnesorgs, das Attentat auf Rudi Dutschke und die folgenden Proteste gegen den Springer Verlag oder natürlich auch die in Kapitel 4.1 ausführlich besprochene Szene im Wohnzimmer der Familie Ensslin genannt werden.

Anders verhält es sich mit der zweiten Hälfte des Films, die sich in der Tat den Vorwuf gefallen lassen muss, ein ‚wohlig gruselnder Eventmovie' (Schmitz, 2008) zu sein.

Ein in mehreren Rezensionen bzw. Filmkritiken genannter Hauptkritikpunkt ist ferner das Fehlen einer politischen Aussage, also die Neutralität des Films. Wie Schwartz (2008) festhält, bietet „Der Baader Meinhof Komplex" weder eine ästhetische Überhöhung (wie beispielsweise Christopher Roths „Baader"), noch eine ernsthafte Analyse. „Entsprechend taktisch in der Form agiert dieser politisch erstaunlich belanglose Film, der keinen eigenen Blickwinkel entwirft und bei dem man sich zusehends fragt, wo denn heute die Brisanz des Themas überhaupt liegen könnte. An aktuellen Fragestellungen über bedingungslosen Fanatismus von Terroristen und die angemessene staatliche Reaktion darauf will er sich jedenfalls nicht messen lassen."

Kothenschulte (2008) schreibt das Fehlen eines eigenen Blickwinkels dem generellen Konzept Eichingers bei historischen Filmen zu, verlange dieses doch „in erster Linie nach der Repräsentanz bedeutender Ereignisse, nicht nach ihrer Bewertung, Kommentierung oder Überhöhung."

Sicherlich vergibt der Film eine Chance, indem er sich nicht auf eine Sichtweise – beispielsweise die sozial-historische oder die individuell-biografische – konzentriert und das Thema auf diesem Wege erschließt. Gerade die biografische Erklärung politkrimineller Karrieren wie die Andreas Baaders hätte eine ebenso sinnvolle wie naheliegende Möglichkeit dazu geboten – darauf verzichtet der Film indes völlig. Baaders (politische) Motive für den Weg in den Untergrund werden den Zuschauern in kaum einer Szene vermittelt. „'Der Baader Meinhof Komplex' erzählt die Geschichte der RAF als Actionfilm - aber bei so viel Stoff bleibt kaum je Zeit, den Blick auch mal auf die Menschen hinter den Aktionen zu richten", bemängelt Althen (2008), der von dem Film zudem mehr erwartet hätte, „als die Demaskierung von Leuten, die längst nackt dastehen".

Zwar ist die individuell-biografische Dimension am ehesten bei der von Johanna Wokalek dargestellten Gudrun Ensslin und Ulrike Meinhof (Martina Gedeck) zu erkennen, dennoch vermisst Althen (2008) die konsequente Konzentration auf eine Figur wie zum Beispiel Ulrike Meinhof: „Das wäre vielleicht mal eine Figur gewesen, auf die sich der Film hätte konzentrieren können, die Intellektuelle, die in einen Strudel hineingerissen wird, der auf Worte mit kaltblütiger - und vielleicht gar nicht immer gewollter - Konsequenz Taten folgen ließ." Lobend äußert sich „Spiegel"-Rezensent Kurbjuweit (2008) hingegen über die Darbietung der Schauspielerin Nadja Uhl. Ihr „Umgang mit der Figur Brigitte Mohnhaupt, das Weglassen einer biografischen Recherche, die Konzentration darauf, das Töten in ihr Gesicht zu kriegen, ist ein Meilenstein für den deutschen Umgang mit der RAF. Bislang wählten Künstler und Intellektuelle eher den Ansatz von Martina Gedeck, das Hineindenken, Hineinfühlen in eine spannende Person, die sich gegen die unterstellte Fürchterlichkeit der Verhältnisse stemmt. Viele sind der Verführung erlegen".

Nichtsdestotrotz vermisst auch Kniebe (2008) eine Stellungnahme Eichingers bzw. Edels: „Ein glasklarer Standpunkt, das wäre zur Abwechslung mal wieder dran, ein spektakuläres Statement, das die ganze dröhnende Aufregung am Ende auch rechtfertigen könnte. So aber ist dieser ‚Baader Meinhof Komplex'…eben doch nur ein Film." Noch deutlicher wird Schulz-Ojala (2008): „Keine Idee, nirgends. Kein ernsthafter Versuch einer Interpretation oder gar Analyse jener Zeit. Stattdessen fahrige Abtastung von Oberflächenreizen, dröhnende und lähmende zweieinhalb Stunden lang: ‚Der Baader Meinhof Komplex' ist ein Actionfilm, der von aufgepeitschter Massenszene zu Massenszene, von Anti-Schah-Demo zu Audimax-Vollversammlung, von Banküberfall zu Explosion zu Flugzeugentführung, von Kugelhagel zu Kugelhagel und schließlich von Leiche zu Leiche jagt."

Doch jene hier geforderte Stellungnahme, jenen glasklaren Standpunkt abzuliefern, war augenscheinlich gar nicht der Anspruch des Werks, das eher als Chronik bzw. Dokumentation der Ereignisse zwischen Schah-Besuch 1967 und Deutschem Herbst 1977 zu verstehen ist – ein formaler und inhaltlicher Zugang, der „zumindest was das Kino betrifft, ziemlich singulär" sein dürfte, wie Schiffauer (2008) festhält.

Auch Stefan Aust, dessen Buch die Grundlage zum Film darstellt, lobt die Authentizität des Films angesichts der Komplexität des zu bewältigenden Stoffs (vgl. Amend/di Lorenzo, 2008) – und obwohl eine solche Buchvorlage auf den ersten Blick allein aufgrund des Umfangs wenig geeignet für eine filmische Adaption zu sein scheint. „Doch Eichinger und Edel haben das Material recht geschickt weitgehend auf jene Ereignisse komprimiert, die zwar durchaus Schlüsselszenen in der Geschichte der RAF darstellen, die sich aber vor allem als singuläre

Bilder über die Jahre hinweg längst ins kollektive Gedächtnis eingebrannt haben." (Schiffauer, 2008)

So darf „Der Baader Meinhof Komplex" angesichts seiner protokollierenden Erzählweise und beobachtenden Position durchaus auch als Dokudrama interpretiert werden, was dem Film wiederum „zu einer Art von rekonstruierter Authentizität" verhelfe, „die es ihm ermöglicht, den Themenkomplex in seiner Gesamtheit näher zu bringen und in kompakter Form aufzubereiten" (Schiffauer, 2008). Lobend stellt Kurbjuweit (2008) daher fest: „Es war die große Frage, wie Eichinger und Edel in diesen Diskurs eingreifen würden. Die erste wichtige Entscheidung traf Eichinger. Er wollte einen realistischen Film, keine künstlerische Dramaturgie, keinen Versuch, einen eigenen Spannungsbogen zu schaffen, keinen Versuch, Identifikationsfiguren zu erfinden wie bei Schlöndorff oder Petzold, irgendwie nette Terroristen. Eichinger will die Personen zeigen, wie sie wahrscheinlich waren, und reiht die Ereignisse schlicht aneinander. Er schafft weniger ein Kunst- als ein Geschichtswerk. Illustrierte Geschichte."

Jene Authentizität ist alles andere als alltäglich bei derartigen Filmen: „Das deutsche Eventfernsehen zum Beispiel betrachtet Geschichte eher als teure Fototapete, vor der man Veronika Ferres ablichten oder melodramatische Dreiecksgeschichten erzählen kann. Es gilt sogar fast die Regel, dass man die Kosten einer solchen Fototapete kaum verantworten kann, ohne Veronica Ferres davor" betont Kniebe (2008), der das Werk daher als 20 Millionen teuren „Experimentalfilm" bezeichnet.

Ist dieser nun politisch oder nicht? Eine mögliche Antwort liefert Salomon, nach dessen Ausführungen „Der Baader Meinhof Komplexe" durchaus als politisch eingestuft werden könnte – auch wenn er sich einer klaren Parteinahme bzw. Stellungnahme (bewusst) enthält. „Das Politische am ästhetischen Gegenstand besteht nicht einfach in seiner möglicherweise gegebenen politischen Tendenz. Wichtiger als die Frage nach einer erfolgenden oder ausbleibenden Parteinahme für außer ihm liegende politische Optionen ist die Frage nach der Perspektive, aus der ein ästhetischer Gegenstand Weltverhältnisse modelliert. Ebenso wichtig freilich ist die Frage nach der Perspektive, aus der er rezipiert wird, nach den ‚Lesarten', die möglich, und nach den Zwecken, denen sie nützlich sind." (Salomon, 2010, 403)

6. Verherrlichung des Terrors

Ein weiterer Kritikpunkt, der in einigen Rezensionen geäußert wurde, sollte ebenfalls Teil der didaktischen Filmanalyse sein: Die angebliche Verherrlichung des Terrorismus bzw. die (zu) positive und sympathische Darstellung der RAF-Mitglieder.
Rodek (2008) beispielsweise kritisiert bereits die Besetzung der Terroristen-Rollen mit Topstars des Deutschen Films wie Moritz Bleibtreu oder Martina Gedeck. „Unter den ersten zehn Namen auf der Figurenliste befinden sich acht Terroristen, und ein jeder von ihnen wird von einem landesweit bekannten Gesicht verkörpert. Wer, wie Bernd Eichinger, seinen Film nach diesem Prinzip konstruiert, fällt schon vor dem ersten Drehtag eine irreversible Entscheidung: So viel seine Protagonisten auch morden, die Aura wird ihnen nicht zu entreißen sein. Dafür werden seine ehrgeizigen Darsteller schon sorgen." Auch Fuhr (2008) bemängelt dies, denn „die Rollen der ‚bösen' Terroristen sind durchweg mit Schauspielern besetzt, deren Sympathie- und Glamourwerte einfach keine abstoßenden Figuren zustande kommen lassen. Der Andreas Baader Moritz Bleibtreus kann noch so oft ‚Fotze' schreien. Er hat mit seiner grenzenlosen Frechheit die Lacher auf seiner Seite." Die Erweckung gewisser Sympathien sieht Kothenschulte (2008; vgl. Schwartz, 2008) durch die Darstellung Gudrun Ensslins gegeben: „Unmenschlich erscheinen die Terroristen dagegen zu keinem Zeitpunkt. Die interessanteste von ihnen ist Gudrun Ensslin: Sie ist in Johanna Wokaleks Darstellung über weite Strecken das, was die RAF wohl niemals war: sexy und sympathisch."
Uneinigkeit herrscht über einen vermeintlichen oder tatsächlichen ebenbürtigen Gegenspieler der RAF-Mitglieder. Eigentlich bieten sich dafür nur der von Bruno Ganz gespielte BKA-Präsident Horst Herold sowie dessen von Heino Ferch verkörperter fiktiver Assistent an. So versucht Regisseur Edel die Figur Herolds zu stilisieren, indem der Ganz meist isoliert, allein in einem Raum oder als eindeutiges Zentrum des Bildausschnitts – „doch Herold ist nicht der große Antipode, den der Film für sein Gleichgewicht bräuchte, sondern eher Billy the Kids Pat Garrett. Zum einen erhält er nicht annähernd genug Zeit, sein Gewicht in die Waagschale zu werfen. Zum anderen positioniert ihn Edel nicht eindeutig auf der Seite des Establishments…", bemängelt Rodek (2008).
Anders beurteilen dies Fanizadeh (2008) und Kniebe (2008). Für erstere stellt Herold „das gute und analytische Gewissen der alten Bundesrepublik dar" (Fanizadeh, 2008). Kniebe verteidigt Eichinger und Edel gegen den Vorwurf einer Verherrlichung der Terroristen: „Zwar werden Baader, Meinhof und Ensslin tatsächlich überhöht, viele Widersprüche sind ihnen

ausgetrieben. Aber BKA-Präsident Horst Herold, als ihr weise raunender Gegenspieler auf staatlicher Seite, ist mindestens genauso idealisiert."

Auch Stefan Aust beschäftigt sich mit der Glorifizierung der Terroristen – nach dem Autor des „Baader Meinhof Komplexes" nährt ein Medium, welches sich mit Menschen beschäftigt, die schreckliche Taten begangen haben, auf gewisser Weise ihren Rum. Jener Widerspruch lasse sich kaum auflösen (vgl. Amend/di Gregorio, 2008). So ist es auch beim in dieser Arbeit diskutierten Film in der Mehrzahl der Szenen nahezu „unausweichlich, dass die abenteuerliche Truppe, die den bewaffneten Kampf in den Metropolen führen will, um ein Vielfaches farbiger, lebendiger und letztlich auch sympathischer erscheint als wackere deutsche Polizisten und Beamte" (Fuhr, 2008).

Dem „Baader Meinhof Komplex" eine Verherrlichung der Terroristen zu unterstellen, geht zu weit – dennoch skizziert der Film eindeutig die Geschichte der Täter, nicht die der Opfer. Für Kurbjuweit (2008) handelt es sich damit um ein generelles Problem bei der Aufarbeitung der RAF-Geschichte, da das Faszinosum nun einmal bei den Tätern, ihrem Weg zur Tat und ihrem Sein nach der Tat liege. „Dabei wird oft vergessen, dass zum Töten ein Sterben gehört. Die Opfer sind nicht so interessant, weil sie aus normalen Leben herausgerissen wurden. Und das Leid der Toten ist nicht bekannt."

7. Fazit

In den vorangestellten Kapiteln dieser Arbeit sollte deutlich geworden sein, dass der Autor den ersten Teil des „Baader Meinhof Komplexes" (00:00:00 h – 00:51:35 h) als politisch wertvoll schätzt, den zweiten Abschnitt des Films (00:51:36 h – 02:15:01 h) indes ebenso wie viele Feuilletonisten und Rezensenten als Action-Film einschätzt – ohne dass in ihm die den Gewalttaten der RAF zugrundeliegenden politischen Intentionen aufgegriffen werden.

Für den Einsatz im Unterricht des Fachs Politik und Wirtschaft bieten sich daher vor allem Szenen aus dem ersten Teil an, in dem der Film immerhin versucht, Figuren wie Gudrun Ensslin oder Ulrike Meinhof aus ihren sozialen Verhältnissen zu entwickeln. Eine gute Möglichkeit, diese zu vermitteln, würde beispielsweise die Analyse einer Szene wie die der in 4.1 besprochenen darstellen – im Idealfall anhand eines den Schülerinnen und Schülern zuvor vermittelten ausführlichen Instrumentariums. Als Analysekriterien für die filmischen Mittel könnten nach Becker unter anderem die Orte der Spielhandlung, Ausstattung, Kamera (Einstellungsgrößen, Kameraperspektive, Zoom, Schwenk), Licht (Farbtemperatur, Licht/Schatten, Erzeugung von Stimmungen), Ton (Sprache, Musik, Geräusch, etc.) oder die Montage (Schnitttechnik, langsam/schnell; Blende; Parallelmontage; Tonbrücke) dienen.

Überdenken würde der Autor den Einsatz von Szenen aus dem zweiten Filmteil, kommt dieser doch in der Tat dem gleich, was Althen (2008) als „Polit-Porno" bezeichnet. Wenngleich „Der Baader Meinhof Komplex" hier als Actionfilm daherkommt, dessen Handlung an vielen Stellen gegen die eines gewöhnlichen Gangsterfilms austauschbar wäre, muss ihm dennoch zumindest ein Verdienst zugeschrieben werden: Schonungslos legt er in dem Ausbruch der Gewalt, die schließlich in der Ermordung Hans-Martin Schleyers endet, offen, in welch rasantem Tempo das Tun der RAF eskaliert – was auch Kurbjuweit (2008) lobt: „Im hinteren Teil ist der Film vor allem Gemetzel, und das ist ein Verdienst."

Trotz jenen Verdienstes erfüllt der Film insbesondere aufgrund seines zweiten Teils ein Kriterium nicht: Er kann – so die Auffassung des Autors – nicht als Kunst im Sinne Bergalas eingeordnet werden, ist dies doch etwas, das sich „widersetzt". „Das Werk, das im Leben eines Menschen zählen wird, ist zunächst etwas, das Widerstand leistet, das sich nicht sofort mit all den momentanen Reizen jener Wegwerffilme anbietet, die jeden Mittwoch Leinwände und Medien überschwemmen." (Bergala, 2006, 55)

Bedauerlich ist in diesem Zusammenhang, dass Eichinger und Edel den durchaus vorhandenen Ansatz einer individuell-biografischen Herangehensweise (vor allem die polit-kriminelle und für die Geschichte der RAF entscheidende Karriere Andreas Baaders hätte sich dafür angeboten) nicht intensiver genutzt haben – wenngleich dies offensichtlich nicht der Ansatz des Films war. Stattdessen begreift er sich als möglichst detailgetreue Adaption von Stefan Austs Werk, das nun einmal vom Schah-Besuch in Berlin bis zum Deutschen Herbst reicht und wenig Raum für die Erzählung von Einzelschicksalen lässt. Die Folge ist eine aufgrund von 123 Sprechrollen, 140 Schauplätzen sowie über 6000 Statisten offensichtliche „Figuren-Sammelwut" (Kniebe, 2008).

Nichtsdestotrotz kann sich der Autor den Einsatz des (ersten Teils des) „Baader Meinhof Komplexes" in der Schule vorstellen, liefert er doch provokante wie diskutable „Rollenmodelle, Einstellungen, Werte sowie Bilder von Politik und gesellschaftlichen Ereignissen", wie es Thoß (2010, 489) allgemein bezogen auf Spielfilme formuliert. Eichingers Werk bietet also durchaus Anstoß zur Auseinandersetzung mit gesellschaftlichen Normen und Werten und erfüllt das wichtigste Bildungsziel einer kritischen politisch-ästhetischen Bildung, nämlich „gesellschaftliche Funktionszusammenhänge durchschaubar zu machen und Interpretationsräume zu eröffnen, die alternative gesellschaftliche Praxen antizipierbar machen" (Salomon, 2010, 402). Ferner – und das ist ein weiterer Verdienst des Films, auch seines zweiten Teils – kann er als Dokudrama verstanden werden mit „einer Art von rekonstruierter Authentizität, die es ihm ermöglicht, den Themenkomplex in seiner Gesamtheit näher zu bringen und in kompakter Form aufzubereiten" (Schiffauer, 2008). Daher stellt sich am Ende in der Tat das Gefühl ein, dass es ein Gewinn war, ihn gesehen zu haben, nicht nur wegen der großartigen Darsteller" (Kurbjuweit, 2008).

8. Seminarreflexion

Das Seminar „Medieneinsatz in der Schulpraxis. Arbeit mit Film im Politikunterricht" war für mich – unabhängig vom Fach, in meinem Fall also Politik und Wirtschaft, Geschichte und Sport – die erste Veranstaltung meiner Studienlaufbahn, die sich mit der Thematik des Medieneinsatzes im Unterricht befasste. Daher verknüpfte ich mit dem Seminar hohe Erwartungen, die durchaus erfüllt wurden.

Schon der Einstieg in das Sommersemester mit dem „Bilder sehen lernen" bzw. dem Thema Mystifizierung/Entmystifizierung durch Film anhand von Leni Riefenstahls Werken „Triumph des Willens" und „Olympia" kann als gelungen bezeichnet werden.

Logischerweise erfolgte anschließend die Besprechung der Basisliteratur (Monaco, Salomon, Thoß, Bergala) welche theoretische wie didaktische Zugänge zu Film und Kino behandelte. Diesen Teil des Seminars hätte ich mir allerdings noch ausführlicher vorstellen können, um eine noch bessere Hinführung zu der didaktischen Filmanalyse bzw. zur konkreten Arbeit an Filmen zu gewährleisten. Sicher wäre auch die geplante Exkursion sinnvoll gewesen, um die konkrete Umsetzung der Filmarbeit an einer südhessischen Schule kennenzulernen. Bedauerlicherweise fiel diese aus.

Entscheidend hob sich das Seminar allerdings von anderen Veranstaltungen durch die Tatsache ab, dass es sich den „Luxus" leistete, ausreichend Platz für Diskussionen und vor allem für die Wünsche der Studierenden einzuräumen – sowie den Seminarplan an die Bedürfnisse der Gruppe flexibel anzupassen. So war es möglich, den Film „If" über mehrere Sitzungen ausführlich zu diskutieren, was auch angesichts seiner auf den ersten Blick kaum zu entschlüsselnden Komplexität und Symbolhaftigkeit (erinnert sei nur an die „Tigerszene") notwendig war.

Somit stellte das Seminar einen überaus gelungenen Einstieg in die Arbeit mit Filmen im Politikunterricht dar, der Lust auf mehr macht: beispielsweise auf ein ergänzendes Seminar im kommenden Semester, das auf dem erlangten Grundlagenwissen aufbaut und noch intensiver auf der Analyseebene arbeitet.

9. Literaturverzeichnis

Althen, Michael (2008): Polit-Porno: „Der Baader Meinhof Komplex". [Seitenzahlen fehlen]. - <http://www.faz.net/artikel/S31176/video-filmkritik-polit-porno-der-baader-meinhof-komplex-30073077.html>, (Stand: 20.06.2011).

Amend, Christoph/di Lorenzo, Giovanni (2008): "Ich hatte den schönsten Job der Welt." Interview mit Stefan Aust. [Seitenzahlen fehlen]. - <http://www.zeit.de/2008/38/Aust-Interview-38/komplettansicht>, (Stand: 11.06.2011).

Aust, Stefan (1998): Der Baader Meinhof Komplex. München: Goldmann.

Becker, Mechthild (Datum unbekannt): Filmbildung. Filmanalyse in 5 Schritten. Präsentation. Ort unbekannt.

Bergala, Alain (2006): Kino als Kunst. Filmvermittlung an der Schule und anderswo. Bonn: bpb.

Fanizadeh, Andreas (2008): RAF sells? [Seitenzahlen fehlen]. - <http://www.taz.de/1/leben/film/artikel/1/raf-sells/>, (Stand: 08.06.2011).

Fuhr, Eckhard (2008): Terror als Action. [Seitenzahlen fehlen]. - <http://www.welt.de/kultur/article2461404/Terror-als-Action.html>, (Stand: 19.06.2011).

Kniebe, Tobias (2008): Bang Boom Bang. [Seitenzahlen fehlen]. - <http://www.sueddeutsche.de/kultur/kino-der-baader-meinhof-komplex-bang-boom-bang-1.688528>, (Stand: 20.06.2011).

Kothenschulte, Daniel (2008): Belmondo Baader. [Seitenzahlen fehlen]. - <http://www.fr-online.de/kultur/film/belmondo-baader/-/1473350/2905392/-/index.html>, (Stand: 22.06.2011).

Kruttschnitt, Christine (2011): Das Ende eines grandiosen Filmverrückten. [Seitenzahlen fehlen]. - <http://www.stern.de/kultur/film/zum-tode-von-bernd-eichinger-das-ende-eines-grandiosen-filmverrueckten-1647199.html>, (Stand: 21.06.2011).

Kurbjuweit, Dirk (2008): Bilder der Barbarei. [Seitenzahlen fehlen]. - <http://www.spiegel.de/spiegel/print/d-59889957.html>, (Stand: 21.06.2011).

Leipold, Frieder (2011): Tod eines Filmbesessenen. [Seitenzahlen fehlen]. - <http://www.focus.de/kultur/kino_tv/tid-21116/bernd-eichinger-tod-eines-filmbesessenen_aid_593678.html>, (Stand: 20.06.2011).

Monaco, James (2001): Film verstehen. Kunst – Technik – Sprache – Geschichte und Theorie des Films und der Neuen Medien. Reinbek bei Hamburg: Rowohlt Taschenbuch Verlag.

Peters, Butz (2007): Tödlicher Irrtum. Die Geschichte der RAF. 2007: Fischer Taschenbuch Verlag.

Rodek, Hans Georg (2008): Der große Baader-Meinhof-Konsens. [Seitenzahlen fehlen]. - <http://www.welt.de/kultur/article2459708/Der-grosse-Baader-Meinhof-Konsens.html>, (Stand: 11.06.2011).

Röhl, Bettina (2008): Warum der neue RAF-Film der GAU ist. [Seitenzahlen fehlen]. - <http://www.welt.de/debatte/weblogs/Sex-Macht-und-Politik/article6065526/Warum-der-neue-RAF-Film-der-GAU-ist.html>, (Stand: 10.06.2011).

Salomon, David (2010): Mediendidaktik als politisch-ästhetische Bildung. In: Lösch, Bettina/Thimmel, Andreas (Hrsg.): Kritische politische Bildung. Ein Handbuch. Schwalbach/Ts.: Wochenschau Verlag, S. 399-408.

Schiffauer, Jörg (2008): Der Tod und die Bürgerkinder. [Seitenzahlen fehlen]. - <http://www.ray-magazin.at/2008/1008/th_baader.htm>, (Stand: 20.06.2011).

Schmitz, Stefan (2008): Das letzte Gefecht der RAF. [Seitenzahlen fehlen]. - <http://www.stern.de/kultur/film/der-baader-meinhof-komplex-das-letzte-gefecht-der-raf-639429.html>, (Stand: 20.06.2011).

Schulz-Ojala (2008): Extrem laut und unglaublich fern. [Seitenzahlen fehlen]. - <http://www.tagesspiegel.de/kultur/kino/extrem-laut-und-unglaublich-fern/1327390.html>, (Stand: 21.06.2011).

Schwartz, Claudia (2008): Mehr Schiesswut als Sprengkraft. [Seitenzahlen fehlen]. - <http://www.nzz.ch/nachrichten/kultur/film/mehr_schiesswut_als_sprengkraft_1.909768.html>, (Stand: 22.06.2011).

Thoß, Nina (2010): Spielfilm. In: Besand, Anja/Sander, Wolfgang (Hrsg.): Handbuch Medien in der politischen Bildung. Schwalbach/Ts.: Wochenschau Verlag, S. 489-494.